Made in the USA
Las Vegas, NV
06 August 2024

93446049R00111